Wilhelm

STENHAMMAR

Serenade for Orchestra
Op. 31

(1913, rev. 1919)

SERENISSIMA MUSIC, INC.

INSTRUMENTATION

2 Flutes
2 Oboes
2 Clarinets (B-flat and A)
2 Bassoons

4 Horns (F and E)
2 Trumpets in F
3 Trombones

Timpani
Percussion

Snare Drum
Bass Drum
Cymbals
Triangle
Bells

Violin I
Violin II
Viola
Violoncello
Bass

Duration: ca. 34 minutes

First Performace: January 30, 1914
Stockholm: The Royal Opera Orchestra
Conducted by the composer

Revised Version Premiere: Marcch 3, 1920
Gothenburg Symphony Orchestra
Conducted by the composer

ISBN: 1-932419-00-4
ISMN M-800001-00-0

This score is a slightly modified unabridged reprint of the score published ca. 1935 by Edition Suecia, Stockholm. The score has been reduced to fit the present format.

Printed in the USA
First Printing: December, 2003

SERENADE

Op. 31

I. Overtura

Wilhelm Stenhammar
(1871 – 1927)

SERENISSIMA MUSIC, INC.

Clar. (B)
Fag.
Cor. (F)
Viol. I
Viol. II
Vle.
Vcll.
Cb.
f
III f
(con sord.)
pp
pizz.
p
fz
sffz
più p
Tempo molto sostenuto
Fl.
Ob
dolce
dim.
pp possibile
dim.
ppp
arco
poco cresc.
p dim.

2

Fl.

Ob.

dolciss.

Clar. (B)

Fag. I

dolciss

Fag. II

dolciss.

(senza sord.)

Cor. (F)

(senza sord.)

2

1 Solo Viol. I

cresc.

dim.

gli altri

dolciss.

quasi niente

tremolo sul ponticello

Viol. II

dolciss.

quasi niente

dim.

tremolo sul ponticello

Vle.

dolciss.

quasi niente

dim.

1 Solo Vcll.

gli altri

(I 4 primi cellisti mettone sordini)

Cb.

Fl.
dim.
Clar. (B)
dim.
pp
ppp
I
Fag.
II
dim.
pp
Cor. I (F) II
pp
1 Solo
Viol. I
gli altri
p
molto espress.
f
dim.
dolce
Viol. II
ppp
Vle.
1. Solo
dolciss.
2 Solo
Vcll.
3. Solo
4. Solo
gli altri
Cb.
div.

Ob.
Clar. (B)
I.II
Cor. (F)
III.IV
1. Solo
2. Solo
Viol. I 3. Solo
4. Solo
gli altri
Viol. II
div.
Vle.
1. Solo
2. Solo
Vcll. 3. Solo
4. Solo
gli altri
Cb.

Allegrissimo
Fl.
Ob.
Clar. (B)
Fag.
Cor. (F)
fz
dim.
p
p ma molto ritmico
Allegrissimo
1. Solo
2. Solo
Viol. I 3. Solo
4. Solo
gli altri
Viol. II
Vl.
1. Solo
2. Solo
Vcll. 3. Solo
4. Solo
gli altri
Cb.
col gli altri
div.
f
pizz.
arco
tutti Vcll. senza sord. e arco

Fl.
Ob.
Clar. (B)
Fag.
I. II
Cor. (F)
III. IV
3
p
f marc.
I
Viol.
II
Vle.
Vcll.
Cb.
div.
arco
f
p cresc.
fz
mf
ff
cresc.

4
Fl.
Ob.
Clar. (B)
Fag.
Viol. I
Viol. II
Vle.
Vcl.
Cb.
fz
p
div.
dim.
f
non div.
Cor. (F)

5
Fl.
Ob.
Clar. (B)
Fag.
Cor. (F)
Viol. I
II
Vle.
Vcll.
Cb.
p
cresc.
fz
espr.
mf
f
div.
6
pp
dim.
p cresc.
cantabile
poco cresc.
più cresc.

Ob. I
Clar. (B)
Fag.
I. II
Cor. (F)
III
I
Viol.
II
Vle.
Vcl.
Cb
7
dim.
cresc.
poco cresc.
div.
Fl.
Ob.
III. IV
a 2
più cresc
sempre cresc.
p cresc.
più cresc.
cresc.

8
Fl.
ff
Ob.
Clar. (B)
Fag.
Cor. (F)
I
Viol.
II
Vle.
Vcl.
Cb.
cresc.
dim.
p
più p
pp

9
Viol. I
1. Solo
2. Solo
Vle.
3. Solo
4. Solo
1. Solo
2. Solo
Vcl.
3. Solo
4. Solo
p
pp
10
espr.
cresc.

Viol. I
1. Solo
2. Solo
Vle.
3. Solo
4. Solo
1. Solo
2. Solo
Vcl.
3. Solo
4. Solo
11
espr.
cresc.
mf
più f
ff
p
f
mp
più p
pp e sempre dim.

12
Viol. I
1. Solo
2. Solo
Vle.
3. Solo
4. Solo
1. Solo
2. Solo
Vcl.
3. Solo
4. Solo
dim.
ppp
Ob.
Clar. (B)
Fag.
I. II
Cor. (F)
III
I
Viol.
II
Vle.
Vcl.
Cb.
fz
p
f
dim.
tutti pizz.
arco
pizz.
div.

13
Clar. (B♭)
mf
Fag.
pp
Cor. I (F) II
p
mf
13
I
Viol.
II
p
p
Vle.
mf
p
pp
Vcl.
mfz p
(senza cresc.)
pp
arco
Cb.
mfz p
(senza cresc.)
pp
Clar. (B♭)
p
p
I.
Fag.
I
Viol.
II
senza cresc.
senza cresc.
Vle.
f
Vcl.
Cb.

14
Fl
Ob.
Clar. (B)
Fag.
Cor. (F)
cresc.
I
Viol.
II
Vle.
Vcl.
Cb.
div.
Fl.
Ob.
Clar. (B)
Fag.
mf marc.
(F).
Cor.
(F, c)
muta III u. IV in C
in C
cresc.

15
Fl
Clar. (B)
Fag.
(F) Cor. (C)
f
mf
15
I Viol. II
poco cresc.
mp
p
cresc.
Vle.
Vcl.
Cb.
Ob.
a 2
f marc.
più f
div.

Fl.
Ob.
Clar. (B)
Fag.
(F) Cor. (C)
muta in E
muta in E
I Viol. II
Vle.
Vcl.
Cb.
16
in E
in E
Cor. (E)
f marc.
marc.
16
mp
cresc.
cresc.
p

Fl.
Ob.
Clar. (B)
Fag.
Cor. (E)
I
Viol.
II
Vle.
Vcl.
Cb.
più f
cresc.
mf
fz
p
sempre più f
a2
17
ff
ffz

Fl.
Ob.
Clar. (B)
Fag.
Cor. (E)
I Viol II
Vle.
Vcl.
Cb.
ff
f
fz p
18
piu f
p cresc.
cresc.
muta in F
in F
p

Fl.
Ob
Clar. (B)
Fag.
Cor. (F)
I Viol. II
Vle.
Vcl.
Cb.
ff
p cresc.
f
a 2
19
sempre a 2
fz
f espr.
f cresc.
mf cresc.
Ob. I
I f
div.

20
Fl.
Ob.
Clar. (B)
Fag.
Cor. (F)
Viol. I
Viol. II
Vle.
Vcl
Cb
ff
dim.
fz
fz dim.
mf cresc.
mf
p
f
più f
cresc.
sempre più f
div.
fz

21
Fl.
Ob.
Clar. (B)
Fag.
Cor. (F)
21
I
Viol.
II
Vle.
Vcl.
Cb.
Ob.
Clar. (B)
I
Viol.
II
Vle.
Vcl.
Cb.
dim.
p
dim.
pp

22
Fl.
p ben tenuto
Ob.
p ben tenuto
Clar. (B)
p ben tenuto
Fag.
p ben tenuto
Cor. (F)
p
22
I
Viol.
II
Vle. div.
p
p
1. Solo
p
Vcl. 2. Solo
p
pizz.
gli altri
p
1. Solo
pp
Cb. 2 Solo
pp
div.
gli altri
pp

23
Fl.
pp
Ob.
pp
Clar. (B)
pp
Fag.
pp
Cor. I (F) II
pp
23
I
Viol.
II
dim.
pp
Vle. div.
dim.
pp
1. Solo
dim.
pp
Vcl. 2. Solo
dim.
pp
3. Solo
1. Solo
Cb. 2. Solo
3. Solo

Fl.
Ob.
Clar. (B)
Fag.
Cor. I (F) II
pp
I
Viol.
II
Vle. div.
poco cresc.
poco cresc.
1. Solo
Vcl. 2. Solo
poco cresc.
poco cresc.
gli altri
cresc.
1. Solo
Cb. 2. Solo
gli altri

24
Fl.
Ob.
Clar. (B)
Fag.
Cor. (F)
cresc.
p
poco cresc.
mp
24
Viol. I
espr.
Vla. div.
dim.
Vcl. 1. Solo
2 Solo
gli altri
Cb. 1. Solo
2. Solo
gli altri

Fl.
Ob.
Clar. (B)
Fag.
Cor (F)
I
Viol.
II
Vle. div
1. Solo
Vcl. 2. Solo
gli altri
1. Solo
Cb. 2. Solo
gli altri
mf
fz
cresc.
f
p
mp
dim.

25
Fl.
Ob.
Clar. (B)
Fag.
Cor. (F)
p
p
25
I
Viol.
II
p
p
espr.
espr.
Vle. div.
p
p
1. Solo
Vcl. 2. Solo
gli altri
p
p
p
Cb.
tutti div.
p
p

Fl.
Ob.
Clar. (B)
Fag.
Cor. (F)
I
Viol.
II
p
f
Vle. div.
1. Solo
Vcl.
2. Solo
gli altri
Cb.

26
Fl.
Ob.
Clar. (B)
I.
Fag.
Cor. (F)
piu p
pp
dim.
26
I
Viol.
II
Vle. div
1. Solo
Vcl. 2. Solo
gli altri
Cb.
mf
mp
p

Fl.
ppp
Ob.
Clar. (B)
ppp
I.
Fag.
ppp
Cor. (F)
I
Viol.
II
dim.
pp
Vle div.
pppp
1. Solo
Vcl. 2. Solo
gli altri
Cb.

Tempo molto sostenuto
Fl.
dolce
pp
Ob.
Clar. (B)
dolce
pp
Fag.
dolce
pp
Cor. (F)
p<f>p
p<f>p
Tempo molto sostenuto
1. Solo
p
2. Solo
p
4 Soli
Viol. I 3. Solo
p
4. Solo
p
gli altri
dim.
pppp
Viol. II
dim.
pppp
Vle
div.
pp
pp
ppp
pp
pp
ppp
Vcl.
pp
tutti div.
pp
dim.
pp
pp
dim.
tutti unis.
Cb.
pp
dim.

Allegrissimo
Fl.
Ob.
Clar. (B)
Fag.
Cor. (F)
pp
Ob.II muta in Cor. Ingl.
Allegrissimo
1 Solo
2 Solo
Viol. I 3 Solo
4 Solo
gli altri
Viol. II
Vle
Vcl.
Cb.
pizz.
arco
tutti div.
div. arco
p
pp
ppp

II. Canzonetta

1
Clar. (A)
I
Viol.
II
Vle.
Vcl.
(mp)
p)
1. Solo
Cb.
gli altri
2
II dolce
perdendosi
dim.
pp
dolce
(senza cresc.)
pizz.
div.
sempre pp
poco

Clar. (A)
Fag.
Cor. (E)
Viol. I
Viol. II
Vle.
Vcl.
Cb.
3
dim.
pp
ppp
dolce espr.
poco
div. arco
pizz.
tutti pizz.
p
Ob.
dolciss.
cresc.
unis. pizz.

4
Fl.
Ob
C.ingl.
Clar (A)
Fag.
Cor. I (E) II
Viol.
Vle.
Vcl.
Cb.
pp
cresc.
dolce
pp dolce
p cresc.
poco cresc.
div.
arco
mf
dim.
p
p dim.
pizz.
cresc.

5

Fl.
Ob.
C. ingl.
I Clar. (A) II
Fag.
I·II Cor. (E) III·IV
I Viol. II
Vle.
Vcl.
Cb.
Cor. (F) I II
p
mf
f
dim.
cresc.
pp
più p
molto p
arco
pizz.
mp
5

6
8va
1. Solo
Viol. I
gli altri
dolce espr.
ppp
Viol. II
ppp
Vle.
ppp
Vcl.
Cb.
Camp.
pp
dolce flautato
arco
I. II
Cor.
(E)
III. IV
dolciss.
dolciss.
7
espr.
arco
ppp
pp

I. II
Cor. (E)
III. IV
Camp.
pp
8va
1. Solo
Viol. I
gli altri
Viol. II
Vle.
1. Solo
Vcl.
gli altri
espr.
8
ppp
dim.
perdendosi

1. Solo
Viol. I
gli altri
Viol. II
Vle.
Vcl.
1. solo
1. posto
2. posti
9
Fl.
a 2
pp
C. ingl.
dolce
Clar. (A)
a 2
pp
Fag.
pp
II
Cor. (E)
III. IV
dolce
pp
3 posti
4 posti
tutti
9
I
Viol.
II
pp
pp
Vle.
pp
1. Solo
Vcl.
gli altri
pp
pp
Cb.
pizz.
p

Fl.
Ob.
C.ingl.
Clar. (A)
Fag.
I
Cor. II
III IV
pp
I
Viol.
II
Vle.
Vcl.
Cb.

10
a 2
Fl.
Ob.
dolce
C. ingl.
dolce
Clar. (A)
Fag.
I
dolce
Cor II
pp
dolce
III IV
10
I
Viol.
II
Vle.
Vcl.
Cb.

11
Fl.
Ob.
C. ingl.
Clar. (A)
Fag.
I
Cor. II
III IV
poco cresc.
dim.
pp
cresc.
ppp
11
I
Viol.
II
Vle.
Vcl.
Cb.
espress.
dim.
ppp

Fl.
C.ingl.
I
Clar.
(A)
II
cresc.
dim.
pp
Fag.
I.II
Cor.
(E)
III.IV
I
Viol.
II
dolce
Vle.
Vcl.
Cb.
mp
12
Ob.
ppp
dim.
p
pizz.
arco
Cb

13
Fl.
Ob.
C. ingl.
I Clar. (A) II
Fag.
Cor. (E)
I Viol. II
Vle.
Vcl.
Cb.
pp
poco cresc.
ppp
dim.
dolciss.
arco
pizz.
pp dolciss.
cresc.
I.II Cor. (E) III.IV
mf
p
più p
pp cresc.

14
Fl.
a2
pp cresc.
Ob.
p
f
cresc.
C.ingl.
p
f
p
cresc.
I
Clar. (A)
II
f
dim.
p dolce
cresc.
Fag.
f
p
mp cresc.
I. II
Cor. (E)
III. IV
f
dim.
p
dolce
cresc.
poco cresc.
più cresc.
14
I
Viol.
II
f dim.
p
espr. cresc.
espr. espr.
Vle.
f
dim.
p
cresc.
Vcl.
f
dim.
p
cresc.
Cb.
arco
f
p
cresc.

15
Fl.
f
dim.
p
Ob.
C. ingl.
muta in Oboe
I
Clar. (A)
II
pp
muta in B
Fag.
I. II
Cor. (E)
III. IV
Viol.
dolciss.
Vle.
Vcl.
pizz.
Cb.

Cor. (E)
ppp
I Viol. II
più pp
div.
Vle.
Vcl.
pp
Cb.
16
I. II Cor. (E) III. IV
dolciss.
ppp
perdendosi
muta in F
pizz.
pppp
arco
1. Solo
2. Solo
Vcl. 3. Solo
4. Solo
gli altri
pp
poco
pp morendo
attacca

III. Scherzo

Presto
2 Flauti
2 Oboi
2 Clarinetti in B
2 Fagotti
4 Corni in F
2 Trombe in F
3 Tromboni
Timpani
Tamb. picc.
Gran Cassa
Violini
Viole
Violoncelli
Contrabassi
cresc.
arco
arco div.

17
Clar. (B)
Fag.
Cor. (F)
con sord.
Viol. I
II
Vle.
Vcl.
Cb.
p cresc.
f
dim.
pp
Fl.
Ob.
fz p
mp
mf
div.
cresc.
pizz.
fp

Fl.
Ob.
Clar. (B)
Fag.
Cor. (F)
I Viol. II
Vle.
Vcl.
Cb.
18
via sord.
via sord.
dim.
cresc.
più cresc.
arco
(tutti)
(la metà)
a 2
più f
div.
mf cresc.
f cresc.

Fl.
Ob.
Clar. (B)
Fag.
Cor. (F)
I Viol. II
Vle.
Vcl.
Cb.
a 2
p dim.
pp
pp cresc.
f
p ma marc.
cresc.
fz
dim.
19
piu f
mf
p cresc.
mp

20
Fl.
Ob.
Clar. (B)
Fag.
a2
Cor. (F)
I
Viol.
II
Vle.
Vcl.
Cb.
ff
pp
cresc.
f
dim.
p
fz
mf
div.

21
Fl.
Ob.
Clar. (B)
Fag.
Cor. (F)
fz
p
f
molto cresc.
dim.
p cresc.
cresc.
21
I
Viol.
II
Vle.
Vcl.
Cb.
fz p
molto cresc.
22
a 2
dim.
fz dim.
pp
ff
fz > p
f > p
div.
ppp
1º posto
gli altri

Fl.
Ob.
Clar. (B)
Fag.
Cor. (F)
I
Viol.
II
Vle.
1º posto
Vcl.
gli altri
Cb.
mf dim.
poco cresc.
dim.
cresc.
23
Flauto II muta in Piccolo
a 2
3 Soli
Vle.
unis.
tutti unis
div.
non div.
tutti unis.

Fl. I
Ob.
Clar. (B)
Fag.
Cor. I (F) II
Viol. I
II
Vle.
Vcl.
Cb.
24
p
cresc.
f
ff
div.
pp
pizz.
Ob. I
Cor. (F) I II III IV
mp cresc.
p cresc.
poco cresc.
più cresc.
fz
cresc

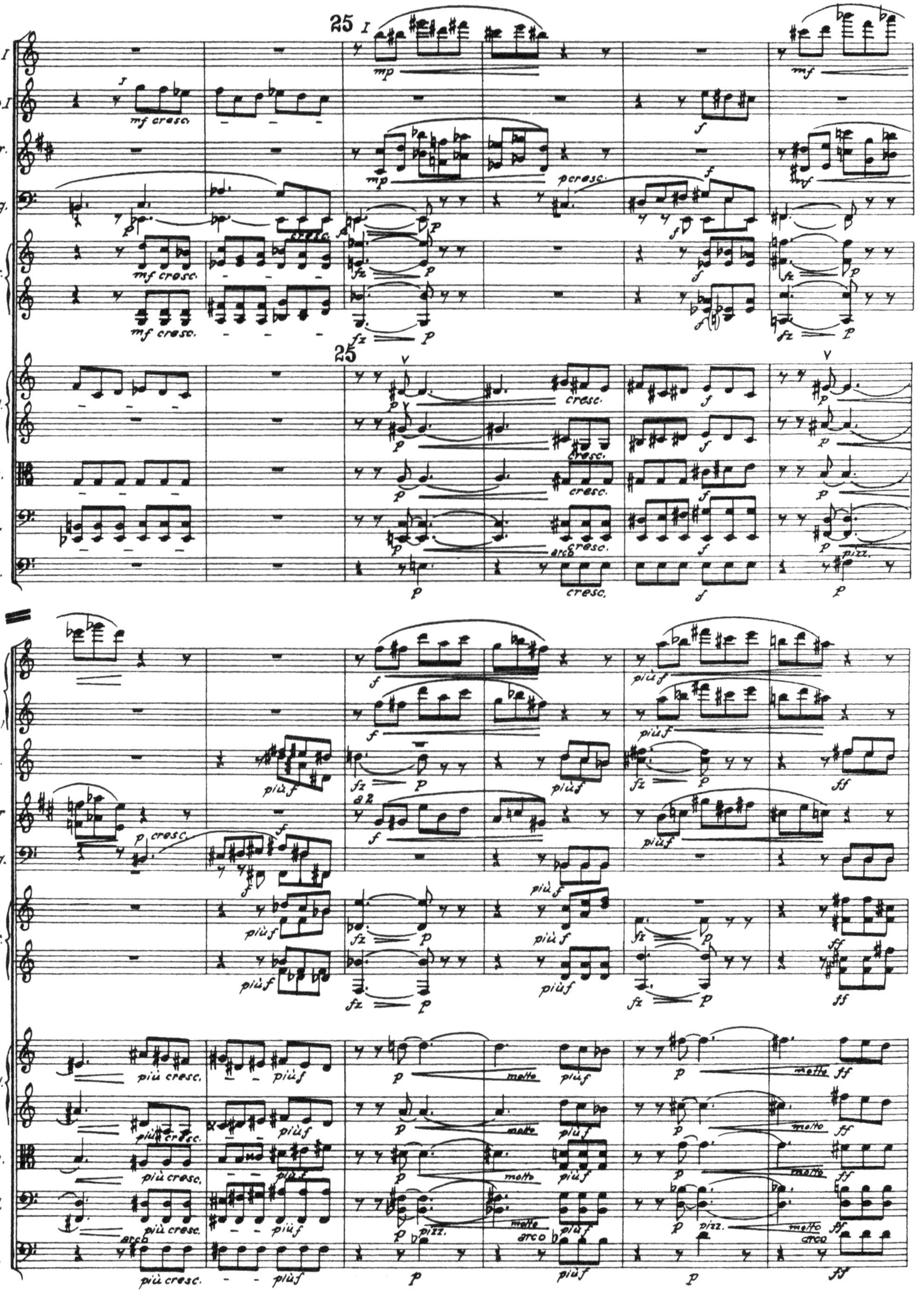
25
Fl. I
Ob. I
Clar. (B)
Fag.
Cor. (F)
Viol. I
Viol. II
Vle.
Vcl.
Cb.
mf cresc.
mp
cresc.
fz
p
f
mf
arco
pizz.
Fl. I
Fl. II (picc.)
Ob.
Clar. (B)
a 2
più f
più cresc.
molto
ff

26
I
Fl.
I (picc.)
Flauto piccolo muta in Flauto grande
Ob.
a 2
Clar. (B)
molto p dim.
molto p dim.
Fag.
dim.
Cor. (F)
dolce
dim.
Timp.
tr
pp
26
I
div.
Viol.
II
(sord.)
Vle.
trem. presso al ponticello
trem. ordinario
dim.
Vcl.
div.
pizz
arco
div.
Cb.
dim.

27
Fl.
Ob. I
molto p
Clar. (B)
pp
Fag.
pp
Cor. (F)
pp
Timp.
Gr. C.
ppp
27
I
Viol.
molto p ma espr.
con sord.
pp
Vle. div.
pp
espr. ma p
(sord.)
pp
Vcl. div.
pp
(sord.)
Cb.
pp

28
Fl. I
Ob. I
Clar. (B)
Fag.
Cor. (F)
Timp.
Gr. C.
28
Viol. I div.
(sord.)
dolciss.
Viol. II
Vle. div.
con sord.
Vcl. div.
con sord.
Cb.

29
Fl. I
Clar. I (B)
I
pp
Fag.
Cor. (F)
I pp
I
pp
II
pp
I
II
Tromb.
III
ppp
ppp
ppp
Timp.
tr
Gr. C.
tr
ppp
29
vibrato
(sord.)
Viol. I
con sord.
pp
Viol. II
Vle
Vcl.
Cb.

30
dim.
Clar. (B)
I
pp
dim.
ppp
Fag.
pp
dim.
Cor. (F)
I
pp
II pp
II
pp
Tromb.
pp
pp
Timp.
tr
pp
tr
pp
Gr.C.
tr
ppp
30
con sord.
p
dim.
Viol. I
dim.
Viol. II
dim.
(sord.)
Vle.
pp
dim.
Vcl.
dim.
dim.
Cb.
dim.

Lo stesso tempo un poco stretto 2/2 · 6/8
31
Fl.
Ob.
Clar. (B)
ppp perdendosi
Fag.
Cor. (F)
ppp (quasi lontano)
ppp (quasi lontano)
Tr. (F)
Tromb.
Timp.
Tamb. picc.
Gr. C.
Lo stesso tempo un poco stretto 2/2 · 6/8
31
Viol. I
div.
ppp
Viol. II
Vle.
tutti con sord.
Vcl.
(via sord.)
Cb.

Fl.
Ob.
Clar. (B)
Fag.
Cor. (F)
Tr. (F)
Tromb.
Timp.
Tamb. picc.
Gr C.
Viol. I
Viol. II
Vle
Vcl.
Cb.
un pochettino cresc.
più cresc. (ma non troppo)
poco cresc.
dim.
(via sord.)
cresc.
senza sord.
tutti senza sord.
pizz.

32
Fl.
Ob.
Clar. (B)
Fag.
Cor. (F)
Tr. (F)
Tromb.
Timp.
Tamb. picc.
Gr. c.
Viol.
Vle.
Vcl.
Cb.
mp
p cresc.
mf
cresc.
tr
(tutti unis.)
ppp
(via sord.)
senza sord.
pizz.
f
arco
div.

con brio
Fl.
Ob.
Clar. (B)
Fag.
I II
Cor. III (F)
IV
Tr. (F)
Tromb.
Timp.
Tamb. picc
Gr C.
con brio
I Viol.
II
Vle
Vcl.
Cb.
ff
mf
f
p
pp
cresc.
poco cresc.
arco
pizz.
fz

33
Fl.
Ob.
Clar. (B)
Fag.
Cor. (F) I II III IV
Tr. (F)
Tromb.
Timp.
Tamb. picc.
Gr. C.
Viol. I II
Vle.
Vcl.
Cb.
p cresc.
cresc.
pizz.
arco

34
Fl.
Ob
Clar. (B)
Fag.
Cor (F)
Tr. (F)
Tromb.
Timp
Tamb picc
Gr. C.
I
Viol
II
Vle
Vcl
Cb.
f cresc.
a 2
ff
fz
cresc.
mp
p poco cresc.
mf
p
f
poco cresc.
pizz.
arco

a2
Fl.
Ob.
Clar. (B)
Fag.
Cor. (F)
Tr. (F)
Tromb.
Timp.
Tamb. picc.
Gr. C.
Viol. I
II
Vle.
Vcl.
Cb.
mf
cresc.
f
ff
p cresc.
tr
pp
p
fz
arco
mf
cresc.

35
Fl.
a 2
ff
Ob.
ff
Clar. (B)
ff
Fag
sempre ff
Cor. (F)
ffz
ffz
Tr. (F)
f
Tromb.
mf
f
f
Timp.
f
f
Tamb. picc.
meno p
Gr. C.
tr
poco a poco cresc.
35
I
Viol.
II
cresc.
ff
sempre ff
cresc.
ff
sempre ff
Vle.
cresc.
ff
Vcl.
cresc.
ff
Cb.
cresc.
ff

a2
36
Fl.
Ob.
Clar. (B)
Fag.
Cor. (F)
ffz
ffz
Tr. (F)
Tromb.
f
f
f
f
Timp.
f
Tamb. picc.
mp
mf
Gr. c.
tr
36
I
Viol.
II
Vle.
Vcl.
Cb.

37
a 2
Fl.
cresc.
Ob.
Clar. (B)
Fag.
I. II
Cor. (F)
III. IV
in E
fff
Tr. (F)
f
pp cresc.
I. II
Tromb.
III
pp
Timp.
Tamb. picc.
tr
ff
Gr.C.
molto cresc.
37
I
Viol.
II
V/e.
ppp
Vcl. div.
Cb.

Fl.
Ob. I
Clar. (B)
Viol. I
div. in
3 parti
Viol. II
Vle.
Vcl. div.
Cb.
pp
con sord. 2 soli div.
dim.
38
Solo
ppp
perdendosi
pppp

Molto sostenuto (♩. = ♩. del Tempo I)
tutti
pppp
p
dim.
ppp
tutti senza sord.
p
dim.
ppp
cresc.
p
dim.
ppp
cresc.
p
dim.
cresc.
dim.
p
pppp
p
dim.
Viol.
I
II
Vle.
Vcl. div.
Cb.
39
Clar. (B)
cresc.
ppp
dim.
ppp
pp
Fag.
p
dim.
ppp
pp
cresc.
dim.
I. II
Cor. (F)
III. IV
con sord.
pp
pp
39
pp
cresc.
dim.
pp
dim.
ppp
pp
cresc.
dim.
ppp
ppp
cresc.
dim.
ppp
cresc.
dim.
ppp
ppp
cresc.
dim.
ppp
ppp
cresc.
dim.
pp

Tempo I
Fl.
Ob.
Clar. (B)
Fag.
Cor. I (F) II
Tempo I
I Viol. II
Vle.
Vcl.
Cb.
pizz.
div.
sempre p
via sord.
40
arco
div.
unis.
cresc.

Fl.
Ob.
Clar. (B)
Fag.
I. II Cor. (F) III. IV
I Viol. II
Vle.
Vcl.
Cb.
a2
più f
dim.
arco
la metà cresc.
più cresc.
tutti
cresc.
ma marc.
41

Fl.
Ob.
Clar. (B)
Fag.
I. II
Cor. (F)
III. IV
Tr. (F)
I. II
Tromb.
III
Timp.
I
Viol.
II
Vle.
Vcl.
Cb.
pp cresc.
p cresc.
cresc.
pp
poco dim.
mf
f
più f
div.

42
Fl.
a 2
ff
Ob.
p cresc.
ff
a 2
Clar. (B)
cresc.
a 2
p cresc.
ff
Fag.
ff
p cresc.
I. II
Cor. (F)
III. IV
ff
p cresc.
p
cresc.
Tr. (F)
I pp cresc.
f
I. II
Tromb.
III
mf
mf
Timp.
mf
cresc.
42
I
Viol.
II
ff
ff
Vle.
ff
Vcl.
ff
Cb.
ff

43

Fl. a2 mf cresc. f

Ob. a2 mf cresc. f

Clar. (B) a2 mf cresc. f

Fag. mf cresc. f cresc.

I II Cor (F) f mf cresc. f cresc.

III. IV f mf cresc. f

Tr. (F)

I. II Tromb. III p

Timp. f p tr cresc. f

43

I Viol. II 8va sempre ff sempre ff

Vle. sempre ff

Vcl. mf cresc. f marc. cresc.

Cb. mf cresc. f marc. cresc.

Fl.
più f
ff
Ob.
più f
ff
Clar. (B)
più f
ff
Fag.
a2
più f
sempre più f
fff
I. II
Cor. (F)
III. IV
più f
ff
ff
ff
Tr. (F)
II.
p
mf
dim.
I. II
Tromb.
III
mf
dim.
p
p
mf
dim.
Timp.
tr
p
mf
tr
p cresc.
f
I
Viol.
II
dim.
dim.
Vle.
dim.
Vcl.
sempre più f
Cb.
sempre più f

44
Fl. I
Ob.
Clar. (B)
Fag.
Cor. (F)
Tromb.
Gr. C.
Piatti
Viol.
Vle.
Vcl.
Cb.
cresc.
a2
chiuso
(con bacchette di spugna)
poco cresc.
poco

Fl. I
Ob.
molto cresc.
f cresc.
Clar. (B)
molto cresc.
f cresc.
Fag.
f cresc.
p cresc.
chiuso
I
f cresc.
aperto
II
Cor. (F)
III
chiuso
f cresc.
aperto
IV
I. II
Tromb.
III
Gr. C.
tr
pp poco più cresc.
Piatti
tr
pp
poco più
I
Viol.
p cresc.
f cresc.
II
p
cresc.
f cresc.
Vle.
p
cresc.
f cresc.
Vcl.
p
cresc.
f cresc.
Cb.
p
cresc.
f cresc.

45
Fl.
Ob. I
Clar. (B) I
Fag.
Cor. (F)
Tr. (F)
Tromb.
Timp.
Gr. C.
Piatti
Viol.
Vle.
Vcl.
Cb.
aperto
cresc.
poco cresc.
poco a poco cresc.
div.
dim.

46
Fl.
Ob.
I
a 2
p
Clar. (B) I
I
Fag.
ff
p
I
ff
p
II
Cor. (F)
aperto
ff
p
III
cresc.
ff
p
IV
ff
p
Tr. (F)
I. II
Tromb.
III
dim.
mf
pp poco cresc.
mf
pp poco cresc.
Timp.
tr
fp dim.
Gr. C.
tr
mp
ppp
Piatti
tr
poco cresc.
mp
ppp
46
I
Viol.
II
p
f
Vle.
fp cresc.
Vcl.
ff
p
Cb.
ff
p

Fl.
Ob.
Clar. (B)
Fag.
Cor. (F)
Tr. (F)
Tromb.
Timp.
Gr.C.
Piatti
Viol.
Vle.
Vcl.
Cb.
a2
cresc.
poco a poco cresc.
più f
più cresc.
ppp poco a poco cresc.
poco cresc.
p cresc.
ff

Fl.
ff
Ob.
ff
ff
p
cresc.
Clar. (B)
a2
ff
p
cresc.
Fag.
I
mp cresc.
molto cresc.
II
Cor. (F)
p
III
mp cresc.
molto cresc.
IV
Tr. (F)
cresc.
molto cresc.
I. II
Tromb.
III
a2
mf cresc.
mf
cresc.
Timp.
tr
molto cresc.
Gr.C.
tr
molto cresc.
Piatti
tr
molto cresc.
I
Viol.
II
più f
div.
div.
8va
ff
cresc.
Vle.
ff
ff
Vcl.
Cb.

48
Fl.
Ob.
Clar. (B)
Fag
Cor. (F)
Tr. (F)
Tromb.
Timp.
Gr.C.
Piatti
poco a poco dim.
48
Viol.
Vle.
Vcl.
Cb.
sempre ff

49
Fl.
Ob.
Clar. (B)
Fag.
Cor (F)
Tr. (F)
Tromb.
Timp.
Gr.c.
Piatti
Viol.
Vle.
Vcl.
Cb.
a 2
sempre ff
p cresc.
mf cresc.
cresc.
poco f
dim.

Fl.
Ob.
Clar. (B)
Fag.
Cor. (F)
Tr. (F)
Tromb.
Timp.
Gr. C.
Piatti
Viol
Vle.
Vcl.
Cb.
(Fl. II muta in Fl. picc.)
a 2
cresc.
dim.
poco cresc.
pp cresc.
8va

50
I
Fl.
II (picc.)
ff
(muta in Fl. grande)
Ob.
Clar. (B)
f cresc. ff
a2
Fag.
f cresc. ff
I
fz
p
sempre p
II
Cor. (F)
III
IV
f cresc. ff
Tr. (F)
I. II
Tromb.
III
p dim.
pp
f p
mf più f più f
Timp
tr
Tamb. picc.
pp
cresc.
f
Gr. C.
tr
pp
50
8va
I
Viol.
dim. sub.
p
II
Vle.
f
Vcl.
Cb.

51
Fl.
Ob.
Clar. (B)
Fag.
I·II
Cor. (F)
III
IV
Tr. (F)
I·II
Tromb.
III
Timp.
Tamb. picc.
Piatti
51
I
Viol.
II
Vle.
1. Solo
2. Solo
Vcl.
3. Solo
gli altri
Cb.
pp
p
dim.
cresc.
ppp
div.
poco cresc.
mp
più cresc.

Fl.
Clar. (B)
Fag.
I. II
Cor. (F) III
IV
Tr. (F)
I. II
Tromb.
III
Timp.
Tamb. picc.
Piatti
I
Viol.
II
Vle.
1. Solo
2. Solo
Vcl.
3. Solo
gli altri
Cb.
f dim.
pp
f
mfz
tr
mf dim.
mf
dim.
p
sempre pp
f dim.

I. II
Cor.(F)
III
IV
Timp.
Piatti
con sord.
52
mf
ppp
pppp
pp
I
Viol.
II
Vle.
1. Solo
2. Solo
Vcl.
3. Solo
gli altri
Cb.
div.
dim.
niente
perdendosi
Clar. (B)
Cor. (F)
p

53
Cor. I (F) II
Timp.
più p
tr
Viol. I
Viol. II
con sord.
p
(via sord.)
Vle.
pp
Vcl.
Cb.
54
pp
poco a poco perdendosi
1. Solo Vcl.
gli altri
perdendosi
Molto sostenuto
niente
1 Solo Viol. I
gli altri
ppp
mf
senza sord.
Viol. II
pppp (insensibilmente)
attacca

IV. Notturno

Andante sostenuto
2 Flauti
2 Oboi
2 Clarinetti (in B)
2 Fagotti
I. II
4 Corni (in F)
III. IV
3 Tromboni
Andante sostenuto
I
Violini
II
Viole
Violoncelli
Contrabassi
dolce cantabile
dolce accompagnando
dolce accompagnando
dolce accompagnando
55
(I 4 primi mettano sordini)
I
Viol.
II
Vle.
Vcl.
Cb.
dim.
dim.
dim.
dim.
pp
pp
pp
div.
pizz.
p
55

Solo
tr
p
f
p
più p
I
Fl.
II
con sord.
mp
dim.
pp
1. Solo
2. Solo
Viol. I
3. Solo
4. Solo
gli altri
perdendosi
pizz.
Viol. II
Vle.
Vcl.
Cb.
Ob. I
56
ritenuto
espr.
cresc.
tutti senza sord.
ppp
mf
dim.
molto p
arco
div.
cresc.

Molto sostenuto
a tempo (ma tranquillo)
Ob. I
Clar. (B) I II
Fag.
Cor. (in F) I. II III
con sord.
Viol. I II
Vle.
Vcl.
Cb.
f dim.
pp
mf
dim.
p
pp cresc.
ppp (quasi niente)
57
Fl.
Fag. I
dolciss.
ppp
mp
poco

Fl.
Ob.
Clar. (B)
Fag.
Viol
Vle.
Vcl.
Cb.
ppp
pp
dolce
dim.
perdendosi
58

Fl.
I
II
Clar. (B)
espress. poco cresc.
pp
Viol.
Vle.
div.
Vcl.
più
p
Cb.
poco cresc.
Ob.
Fag.
p più cresc.
p
poco a poco cresc.
poco a poco più cresc.

59

Fl. I
mp cresc.

Fl. II
mp cresc.

Ob. I
mp cresc.

Ob. II
mp cresc.

Clar. (B) I
mp
mf cresc.

Clar. (B) II
mp
mf cresc.

Fag. I
mp
mf cresc.

Fag. II
mp
mf cresc.

Tromb. I. II
pp
pp
cresc.

Tromb. III
pp
cresc.

59

Viol. I

Viol. II

Vle.
non div.

Vcl.

Cb.

I
Fl.
II
I
Ob.
II
I
Clar. (B)
II
I
Fag.
II
I. II
Tromb.
III
I
Viol.
II
Vle.
Vcl.
Cb.
f
dim.
p
mf
mf dim.
pp
f dim.
div.

60
Fl.
I
II
Ob
I
II
Clar. (B)
I
II
Fag.
I
II
Tromb.
I II
III
60
Viol.
I
II
Vle.
Vcl.
Cb.
f
dim.
p
mf
pp

dim.
p
f
cresc.
ff
mf dim.
p dim.
mf
non div.

61
Fl.
Ob.
Clar. (B)
Fag.
Tromb.
(J 3 primi mettone sordini)
61
con sord.
1. Solo
2. Solo
Viol. I
3. Solo
gli altri
p dim.
pp
Viol. II
(Jl primo mette sordino)
Vle.
Vcl.
Cb.

I
Fl.
II
più p
dim.
p
dim.
I
Ob.
II
pp
Clar. (B)
Fag.
1. Solo
2. Solo
Viol. I
3. Solo
gli altri
dolciss.
dolciss.
dolciss.
tutti senza sord.
perdendosi
Viol. II
perdendosi
div.
pp
1. Solo
Vle.
gli altri
dolciss.
tutti senza sord.
perdendosi
div.
pp
Vcl.
perdendosi
ppp
Cb.
perdendosi
ppp

62
Fl. I
Ob.
Clar. (B)
Fag.
Viol.
Vle.
Vcl.
Cb.
Tromb.
espr.
f espr.
div.
cresc.
dim.

V. Finale

Tempo moderato
2 Flauti
2 Oboi
2 Clarinetti in B
2 Fagotti
4 Corni in F
dolce espr.
dim.
pp
cresc.
2 Trombe in F
3 Tromboni
Timpani
Triangolo
Piatti
Tempo moderato
Violini
Viole
div.
Violoncelli
Contrabass
pizz.
arco
ppp
dolce espr.

1
Fl.
Ob.
Clar. (B)
Fag.
I. II Cor. (F) III. IV
1
I Viol. II
Vle.
Vcl.
Cb.
dim.
pp
ppp
p
dolce
dolce espr.
espr.
div.
non div.
Solo

Fl.
Ob.
Clar. (B)
Fag.
Cor. (F)
Viol.
Vle.
Vcl.
Cb.
Trgl.
a 2
poco cresc.
più cresc.
cresc.
espr.
marc.
Animato
stacc.
dim.
pizz.
arco

Fl.
Ob.
Clar. (B)
Fag.
I·II Cor. (F) IV
I Viol. II
Vle.
Vcl.
mfz
fz
dim.
p
mf
pizz.
cresc.
div.
arco
3
dolce espr.
Cb.
p cresc.

a2
dim.
cresc.
dim.
cresc.
dim.
cresc.
cresc.
cresc.
cresc.
cresc.
cresc.
cresc.
cresc.
cresc.
cresc.
cresc.

Fl.
a2
dim.
cresc.
Ob.
dolce
cresc.
Clar. (B)
Fag.
cresc.
Cor. (F)
dolce
cresc.
Viol.
poco a poco cresc.
div.
Vle.
molto p
cresc.
Vcl.
Cb.

4
Fl.
ff
dim.
p
I
Ob.
II
f
p
I
Clar. (B)
II
ff
dim.
p
I
Fag.
II
f
dim.
p
dolce
I
II
Cor. (F)
III
IV
f
dim.
p
dolce
Tr. I (F)
p
mf
p
4
I
Viol.
II
ff
dim.
p
Vle.
f
dim.
p
dolce
Vcl.
f
dim
p
più p
Cb.
fz
dim.
p
più p

Fl.
I
II
Ob.
I
II
Clar. (B)
I
II
Fag. I
Cor. (F)
I. II
III. IV
Tr. (F)
Viol.
I
II
Vle.
Vcl.
Cb.
p
cresc.
pp
più p
sempre p
div.

5

Fl. I, II

Ob. I, II

Clar. (B) I, II

Fag. I, II

Cor. (F) I, II

Tr. I. II (F)

Timp.

Viol. I, II

Vle.

Vcl.

Cb.

cresc. f pp f a2 mf tr p forte forte con fuoco ff mf div. f cresc.

Fl.
Ob.
Clar. (B)
Fag. I II
Cor. (F) I.II III.IV
Tr. (F) I II
Timp.
Viol. I II
Vle.
Vcl.
Cb.
a2
f
cresc.
mf
con fuoco
ff
fz
div.
pizz.

6
Fl.
Ob.
Clar. (B)
I
Fag.
II
I . II
Cor. III (F)
IV
Tr. (F)
Timp.
Viol.
Vle.
Vcl.
Cb.
a2
ff
f
pp
cresc.
p
mf
arco

Fl.
Ob.
a 2
Clar. (B)
f espr.
dim.
mf dim.
I
Fag.
II
f
dim.
p
I. II
Cor. III (F)
IV
Tr. (F)
a 2
mf
Timp.
tr
I
Viol.
II
cresc.
ff
fz
Vle.
Vcl.
Cb.
pizz.

Fl.
Ob.
Clar. (B)
Fag.
Cor. (F)
Timp.
Viol.
Vle.
Vcl.
Cb.
mf
mp
p
pp
dim.
più p
p dolce
pizz.
arco

ritornando nel Tempo I
Fl.
Ob.
Clar. (B)
Fag.
Cor. (F)
Timp.
perdendosi
ritornando nel Tempo I
Viol.
Vle.
Vcl.
Cb.
dim.
dolciss.
dolce cantabile
dolcissimo
arco

8
Fl.
Ob.
I
dolce
dim.
Clar. (B)
I
II
ppp
p
f
dim.
pp
mf
Fag.
I
II
Cor. (F)
I
II
III
IV
p cresc.
pp
8
Viol.
I
II
poco
cresc.
Vle.
div.
Vcl.
Cb.

discretamente rallentando – – – – – – ritenuto e dolcemente

Fl.
Ob.
Clar. (B)
Fag.
Cor. (F).

mf p più p pp espr. dim. pp dim.

discretamente rallentando – – – – – – ritenuto e dolcemente

(sord.) con sord. div.

I Viol. II

div. p dim. pp

Vle. dolce dim. pp

Vcl. dolce dim. pp

pizz.

Cb. p più p pp

ondeggiando

Fl. p espr.
Ob. p pp espr.
Fag. p espr.
Cor. (F) poco cresc.

ondeggiando

I Viol. II ppp espr.

Vle. più pp espr.

Vcl. più pp

arco

Cb. ppp

9
più ritenuto
Fl.
Ob.
Clar. (B)
Fag.
Cor. (F)
Viol.
Vle.
Vcl.
Cb.
dolce
dolciss.
perdendosi
dim.
1. 2. Solo
Vcl. 3. 4. Solo
gli altri

Fl.
I
Clar. (B)
II
I
Fag.
II
con sord.
I
Cor. II (F)
III. IV
I
Viol.
II
Vle.
1. 2. Solo
Vcl. 3. 4. Solo
gli altri
Cb
pp
ppp
p
meno p

da qui discretamente animando
10
Fl.
Ob.
Clar. (B)
Fag.
Cor. (F)
Viol.
Vle.
Vcl.
Cb.
mf
dim.
p
mp
ten.
poco cresc.
(via sord.)
senza sord. pizz.
pizz.
arco
tutti div.
gli altri
div.

Ob.
Clar. (B)
Fag.
Viol.
Vle.
Vcl.
Cb.
dim.
poco cresc.
div.
pizz.
11
più p

Clar. (B)
Fag.
Viol. I
Viol. II
Vle.
Vcl.
Cb.
div.
più p
pp
dim.
Fl.
sempre pp

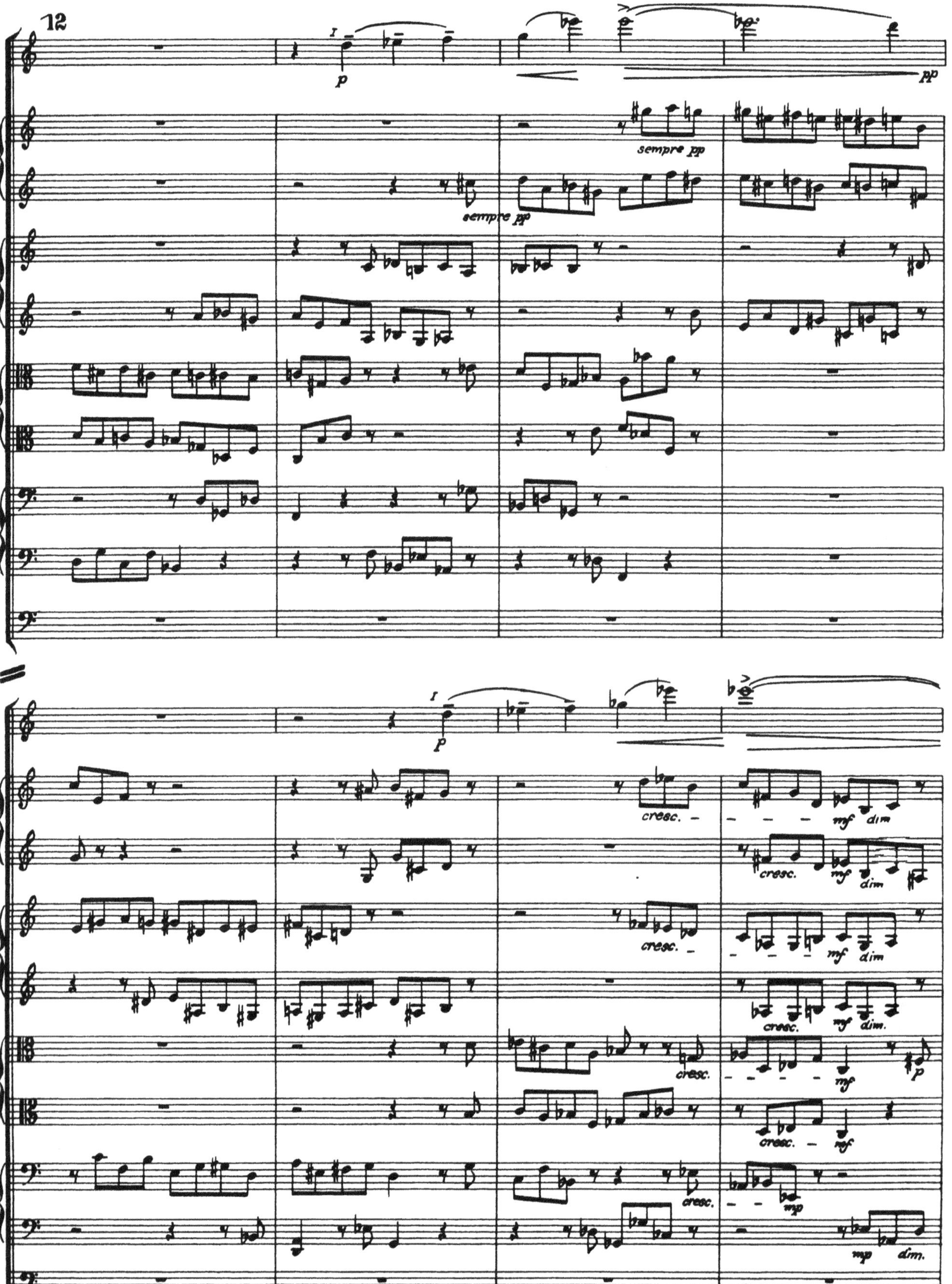
12
Clar. (B)
I
p
pp
Viol. I
sempre pp
sempre pp
Viol. II
Vle.
Vcl.
Cb.
Ob.
I
p
cresc.
mf
dim
cresc.
mf
dim
cresc.
mf
dim
cresc.
mf
dim.
cresc.
mf
p
cresc.
mf
cresc.
mp
mp
dim.

13
I
Fl.
II
I
Ob.
II
I
Clar. (B)
II
I
Fag.
II
I. II
Cor. (F)
III
13
arco
Viol. I
Viol. II
Vle.
Vcl.
Cb.
div.
pp
ppp
p
mf
cresc.
dim.

I
Fl.
II
I
Ob.
II
I
Clar. (B)
I
I
Fag.
I
II
Cor. (F)
III.IV
Viol. I
Viol. II
Vle.
Vcl.
Cb.
mf
p
poco cresc.
dim.
cresc.
f
arco

I
Fl.
II
I
Ob.
II
I
Clar. (B)
II
I
Fag.
II
I. II
Cor. (F)
III. IV
Viol. I
Viol. II
Vle.
Vcl.
Cb.
f
p
mp
p cresc.
mf
mp cresc.
cresc.
molto espr.
poco a poco cresc.
mf p poco a poco cresc.
poco a
poco cresc.
p cresc.
arco
pizz.

14
Fl.
I
II
Ob.
I
II
Clar. (B)
I
II
Fag.
I
I
Cor. (F)
I.II
III.IV
14
Viol. I
Viol. II
Vle.
Vcl.
Cb.
f
ff
mf cresc.
mf
cresc.
p
mp
f
dim.
f cresc.
mf cresc.
ff

I
Fl.
II
I
Ob.
II
I
Clar.
(B)
II
I
Fag.
II
I
II
Cor.
(F)
III
IV
Tr.
(F)
I. II
Tromb.
III
Timp.
I
Viol.
II
Vle.
Vcl.
Cb.
f ben marc.
cresc.
meno f

15
Fl.
Ob.
f marc.
Clar. (B)
f marc.
Fag.
ff
I
f marc.
I
f
Cor. (F)
III
f
ff marc.
IV
f
Tr. (F)
ben marc.
più f
I. II
Tromb.
III
f
più f
Timp.
cresc.
poco f e ben marc.
più f
15
I
Viol.
II
fz
p
mf
mp
Vle.
fz
mp
p
Vcl.
fz p
mf
mp
Cb.
ff sempre

Fl.
a 2
ff marc.
Ob.
Clar. (B)
Fag.
ff
I
II
Cor. (F)
III
IV
Tr. (F)
I.II
Tromb.
III
meno f
Timp.
Viol.
Vle.
Vcl.
Cb.
mf
f
p
fz

16
Fl.
Ob.
Clar. (B)
Fag.
Cor. (F)
Tr. (F)
Tromb.
Timp.
Viol.
Vle.
Vcl.
Cb.
a 2
f
più f
ff
poco f
f cresc.
mf
dim.
p
fz

Fl.
Ob.
Clar. (B)
Fag.
Cor. (F)
I.II
III.IV
Tr. (F)
I
II
Tromb.
I.II
III
Timp.
Viol.
I
II
Vle.
Vcl.
Cb.
a 2
f cresc.
più f
più f cresc.
cresc.
f
ff

Tempo animato

Fl. a 2

Ob.

Clar. (B) a 2

Fag. marc. p — p marc.

Cor. (F) I.II ff — p chiuso fz p

III.IV ff — p — p fz

Tr. (F)

Tromb. I.II

III

Timp. f p

Tempo animato

Viol. I p pp — pizz. mf

II p stacc.

Vle. p — stacc.

div. p — stacc.

Vcl. pizz. p mf

Cb. pizz. f

I
Fl.
II
Ob.
I
Clar. (B)
II
I
Fag.
II
I.II
Cor. (F)
III.IV
Tr. (F)
I.II
Tromb.
III
Timp.
Viol. I
Viol. II
Vle.
Vcl.
Cb.
mp stacc.
f
più f
ff
mf
mf stacc.
mfz
stacc.
fz
pfz
arco
p stacc.
div.
p
unis.
pizz.

17
I
Fl.
II
Ob.
I
Clar.
(B)
II
I
Fag.
II
stacc.
I·II
Cor.
(F)
III·IV
Tr. II
(F)
I·II
Tromb.
III
Timp.
17
Viol.I
Viol.II
Vle.
arco
Vcl.
arco
pizz.
arco
Cb.
arco

Fl.
a 2
f marc.
Ob.
a 2
f marc.
I
Clar. (B)
II
ffz
f marc.
pp
cresc.
I
Fag.
II
ffz
pp
cresc.
I
II
Cor. (F)
III
IV
f
fz
p
cresc.
Timp.
tr
fz
pp
cresc.
I
Viol.
II
f con fuoco
vle.
fz p
cresc.
f
Vcl.
Cb.
div.
fz
pp
cresc.
f

18
a 2
Fl.
più f
a 2
Ob.
più f
I
Clar. (B)
più f
II
f
p
cresc.
I
Fag.
f
p
cresc.
II
f
p
cresc.
I
f
II
p
cresc.
f
Cor. (F)
III
IV
Timp.
mf
pp
cresc
18
I
Viol.
II
f
Vle.
fz
p
cresc.
f
Vcl.
fz
p
cresc.
f
fz
p
cresc.
f
Cb.
fz
p
cresc.
f

a 2
Fl.
Ob.
Clar. (B)
Fag.
Cor (F)
Tr. (F)
Timp.
Trgl.
Viol.
Vla.
Vcl.
Cb.
più f
ff
dim.
f
mp cresc.
mf
p
cresc.
f marc.
pp
molto cresc.
fz
ffz

Fl.
Ob.
Clar. (B) I II
Fag. I II
Cor. (F) I II III IV
Tr. (F) I II
Tromb. I.II III
Timp.
Trgl.
Piatti
Viol. I II
Vle.
Vcl.
Cb.
19
a 2
cresc.
div.

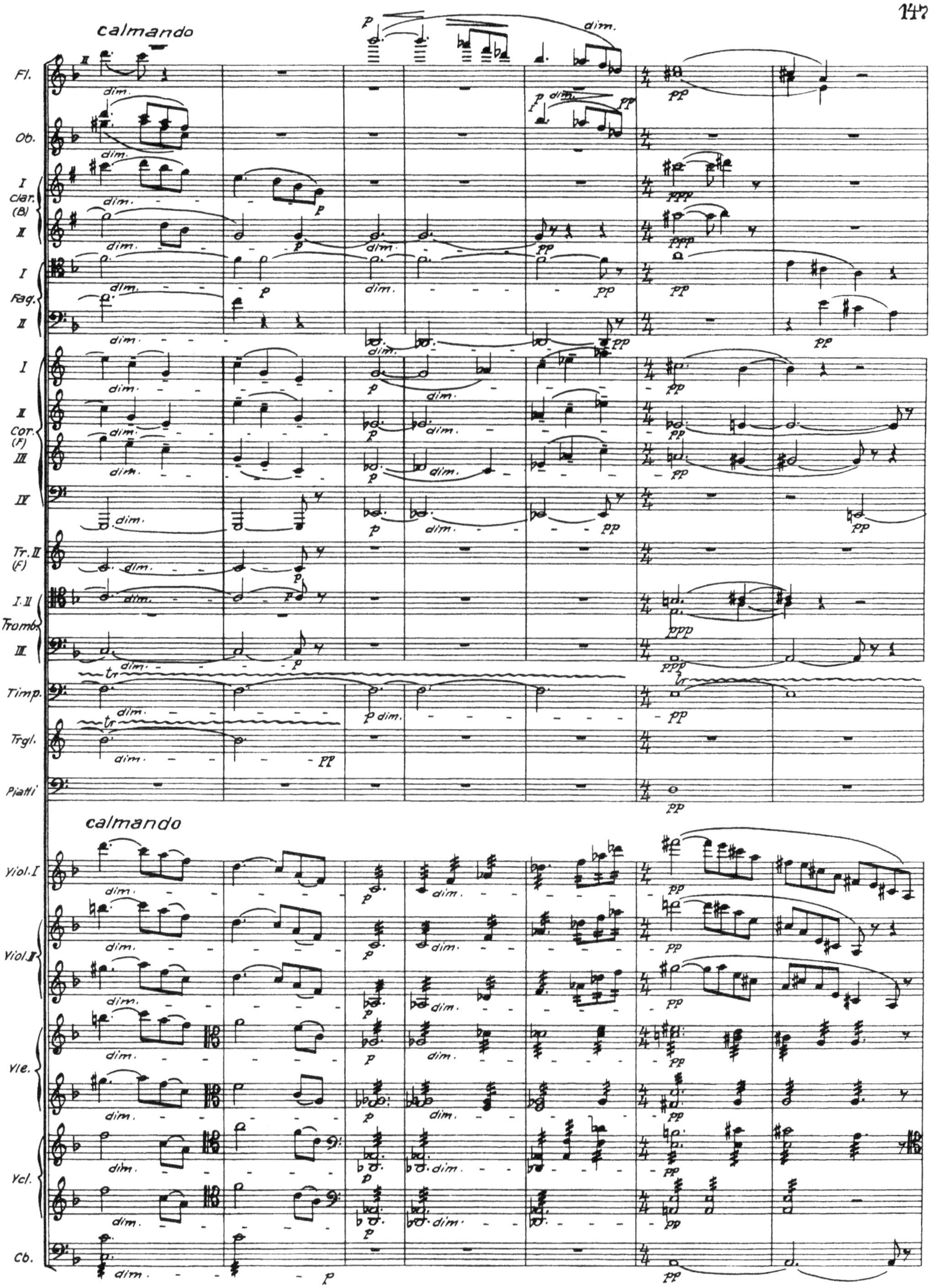

calmando

Fl.

Ob.

I Clar. (B) II

I Fag. II

I II Cor. (F) III IV

Tr. II (F)

I. II Tromb. III

Timp.

Trgl.

Piatti

calmando

Viol. I

Viol. II

Vle.

Vcl.

Cb.

20
Tranquillo
Fl.
Ob. I
Clar. (B)
Fag.
Cor. (F)
Tr. (F)
Tromb.
Timp.
Viol.
Vla.
Vcl.
Cb.
dim.
più pp
cresc.
poco
unis.
dolciss.
pizz.
arco

21
Fl.
Ob.
Clar. (B)
Fag.
Cor. (F)
Tr. (F)
Tromb.
Timp.
Viol.
Vle.
Vcl.
Cb.
cresc.
dim.
dolce
poco cresc.
più cresc.
p cresc.
a 2
più p
div.

Fl.
dolce
mf
f
pp
mfz
I
Ob.
II
p cresc.
ppp
Clar. (B)
Fag.
cresc.
pfz
Cor. (F)
III
IV
Tr. (F)
I.II
Tromb.
III
mp
Timp.
tr
Viol.
div.
unis.
Vle
1. Solo
Vcl. 2. Solo
gli altri
Cb.
pizz.

Animato
Fl.
stacc.
p stacc.
molto p
Ob.
pfz
pp
mp
p
I
Clar. (B)
II
p stacc.
p stacc.
p
Fag.
I
pp
mp
I.II
Cor. (F)
III
pp
pfz
pp
Timp.
Trgl.
p
Animato
I
Viol.
II
pizz.
p
mf
pizz.
p
Vle.
pizz.
mf
p
1. solo
Vcl.
2. solo
gli altri
pizz.
mf
p
pizz.
mf
p
pizz.
mf
p
Cb.

22
Fl.
Ob.
I
Clar. (B)
II
Fag.
22
I
Viol.
II
Vle.
Vcl.
Cb.
Fl.
Ob.
I
Clar. (B)
II
Fagl
Cor. I (F) II
Timp.
I
Viol.
II
Vle.
Vcl.
Cb.
cresc.
div.
pizz.

www.ingramcontent.com/pod-product-compliance
Lightning Source LLC
Chambersburg PA
CBHW080512110426
42742CB00017B/3082
* 9 7 8 1 9 3 2 4 1 9 0 0 9 *